ORFEO ED EURIDICE
ORPHÉE ET EURYDICE

*RANIERI DE' CALZABIGI
PIERRE-LOUIS MOLINE
CHRISTOPH GLUCK*

Orfeo ed Euridice/Orphée et Eurydice
Copyright © JiaHu Books 2014
First Published in Great Britain in 2013 by Jiahu Books – part of Richardson-Prachai Solutions Ltd, 34 Egerton Gate, Milton Keynes, MK5 7HH
ISBN: 978-1-78435-014-7
Conditions of sale
All rights reserved. You must not circulate this book in any other binding or cover and you must impose the same condition on any acquirer.
A CIP catalogue record for this book is available from the British Library
Visit us at: jiahubooks.co.uk

DRAMATIS PERSONÆ	**5**
OFEO ED EURIDICE	
ATTO PRIMO	7
ATTO SECONDO	11
ATTO TERZO	17
ORPHÉE ET ERYDICE	
ACTE I	28
ACTE II	34
ACTE III	39

DRAMATIS PERSONÆ

ORFEO - ORPHÉE - Contralto
EURIDICE - EURYDICE - Soprano
AMORE – L'AMOUR - Soprano

ATTO PRIMO

SCENA PRIMA

Ameno, ma solitario boschetto di allori e cipressi, che, ad arte diradato, racchiude in un piccolo piano la tomba di Euridice.
All'alzar della tenda, al suono di mesta sinfonia, si vede occupata la scena da uno stuolo di Pastori e Ninfe, seguaci di Orfeo, che portano serti di fiori e ghirlande di mirto; e, mentre una parte di loro arder fa de' profumi, incorona il marmo e sparge fiori intorno alla tomba, intuona l'altra il Seguente coro, interrotto dai lamenti di Orfeo, che, disteso sul davanti sopra di un sasso va di tempo in tempo replicando appassionatamente il nome di Euridice.

CORO
Ah! se intorno a quest'urna funesta,
Euridice, ombra bella, t'aggiri,
Odi i pianti, i lamenti, i sospiri
Che dolenti si spargon per te.
Ed ascolta il tuo sposo infelice
Che piangendo ti chiama e si lagna;
Come quando la dolce compagna
Tortorella amorosa perdé.

ORFEO
Amici, quel lamento
Aggrava il mio dolore!
All'ombra pietosa d'Euridice
Rendete omai gli estremi onori e il marmo

Ne inghirlandate!

CORO
Ah! se intorno a quest'urna funesta
Euridice, ombra bella, t'aggiri,
Odi i pianti, i lamenti, i sospiri,
Che dolenti si spargon per te.

ORFEO
Restar vogl'io da sol fra l'ombre oscure
Coll'empia compagnia di mie sventure!
(le danze funebri cessano. Tutti si allontanano)
Chiamo il mio ben così
Quando si mostra il dì,
Quando s'asconde.
Ma, oh vano mio dolor!
L'idolo del mio cor
Non mi risponde.
Euridice! Euridice!
Ombra cara, ove sei? sempre affannato
Il tuo sposo fedel invan ti chiama,
Agli Dei ti domanda e sparge ai venti
Con le lagrime sue Invano i suoi lamenti!
Cerco il mio ben così
In queste, ove morì,
Funeste sponde.
Ma sola al mio dolor,
Perché conobbe amor,
L'eco risponde.
Euridice! Euridice!
Ah, questo nome
San le spiaggie, e le selve
L'appresero da me! Per ogni valle

Euridice risuona: in ogni tronco
Io quel nome incidea con man tremante!
Euridice moriva! ed io respiro ancor!
Dei! se non torna in vita, me pur spegnete allor!
Piango il mio ben così,
Se il sole indora il dì,
Se va nell'onde.
Pietoso al pianto mio
Va mormorando il rio
E mi risponde.
Numi! barbari Numi!
D'Acheronte e d'Averno
Reggitori implacati! la cui mano
Il fiero Pluto vuol de' cenni suoi
Crudel ministra, voi giammai commuove
Beltà né gioventude! a me rapiste
La dolce mia consorte!
Oh! memoria crudel! Ahimè! non valse
La grazia sua dal barbaro destino
Quella cara a salvar! Implacati tiranni!
A voi la vo' rapir!
Penetrare vogl'io ne l'atro Averno,
Il mio pianto dovrà
L'ira vostra placar!
Ricercare saprò nel vostro orrore
La mia sposa, il mio bene!

SCENA SECONDA

Amore e detto.

AMORE
Assisterà

Pietoso Amor l'infelice consorte!
A te concede Giove, in sua pietà,
Varcar le pigre onde di Lete. Va!
Euridice a trovar nel tetro regno!
Se il dolce suon de la tua lira,
Al cielo, Orfeo, saprà salir,
Placata fia dei Numi l'ira
E resa l'ombra cara
Al primo tuo sospir!

ORFEO
Rivederla potrò!

AMORE
Sì, ma sai tu
Qual patto, l'alta impresa per compir.
Giove, il gran Nume, impone a te?

ORFEO
Niun suo
Voler mi fa tremar! per essa ad ogni
Più dura prova io reggo.

AMORE
Ascolta allora,
Orfeo! Sin che non sii fuor di quegli antri,
Ti si vieta mirar la sposa tua,
Se per sempre non vuoi perderla ancora!
Suona così lassù
Il supremo voler! Ti rendi degno
Del celeste favor!
Gli sguardi trattieni,
Affrena gli accenti:

Rammenta che peni,
Che pochi momenti
Hai più da penar.
Sai pur che talora
Confusi, tremanti
Con chi gl'innamora
Son ciechi gli amanti,
Non sanno parlar. (parte)

ORFEO
Che disse! che ascoltai! Dunque Euridice
Vivrà, l'avrò presente! E dopo i tanti
Affanni miei, in quel momento, in quella
Guerra d'affetti, io non dovrò mirarla,
Non stringerla al mio sen! Sposa infelice!
Che dirà mai? che penserà? preveggo
Le smanie sue: comprendo
L'angustie mie. Nel figurarlo solo
Sento gelarmi il sangue,
Tremarmi il cor... Ma... lo potrò... lo voglio,
Ho risoluto. Il grande,
L'insoffribìl de' mali è l'esser privo
Dell'unico dell'alma amato oggetto;
Assistetemi, o Dei, la legge accetto.
Addio, o miei sospiri!
Han speme i miei desiri!
Per lei soffrir vo' tutto
Ed ogni duol sfidar!
Io vo' da l'atre sponde
Varcar di Stige l'onde
E de l'orrendo Tartaro
Le Furie superar!

ATTO SECONDO

QUADRO PRIMO
SCENA PRIMA

Orrida caverna al di là del fiume Cocito, offuscata poi in lontananza da un tenebroso fumo, illuminato dalle fiamme che ingombrano tutta quella orrida abitazione. Appena cangiata la scena, al suono di orribile sinfonia comincia il ballo delle Furie e degli Spettri, che viene interrotto dalle armonie della lira d'Orfeo: e questo comparendo poi sulla scena, tutta quella turba infernale intuona il seguente

CORO
Chi mai dell'Erebo
Fra le caligini,
Sull'orme d'Ercole
E di Piritoo
Conduce il pié?
D'orror l'ingombrino
Le fiere Eumenidi,
E lo spaventino
Gli urli di Cerbero,
Se un Dio non è.
(gli Spettri ripigliano le danze, girando intorno ad Orfeo per spaventarlo)

ORFEO
Deh! placatevi con me.
Furie, Larve, Ombre sdegnose...
CORO
No...

ORFEO
Vi renda almen pietose
Il mio barbaro dolor.

CORO
(raddolcito e con espressione di qualche compatimento)
Misero giovine!
Che vuoi, che mediti?
Altro non abita
Che lutto e gemito
In queste orribili
Soglie funeste.

ORFEO
Mille pene, ombre sdegnose,
Come voi sopporto anch'io;
Ho con me l'inferno mio,
Me lo sento in mezzo al cor.

CORO
(con maggior dolcezza)
Ah qual incognito
Affetto flebile,
Dolce a sospendere
Vien l'implacabile
Nostro furor!

ORFEO
Men tiranne, ah! voi sareste
Al mio pianto, al mio lamento,
Se provaste un sol momento
Cosa sia languir d'amor.

CORO
(sempre più raddolcito)
Ah quale incognito
Affetto flebile,
Dolce a sospendere
Vien l'implacabile
Nostro furor!...
Le porte stridano
Su' neri cardini
E il passo lascino
Sicuro e libero
Al vincitor.

(le Furie e gli Spettri cominciano a ritirarsi, e dileguandosi per entro le scene, ripetono l'ultima strofa del coro; il quale, continuando sempre, frattanto che si allontanano, finisce in un confuso mormorio).

QUADRO SECONDO

Recesso delizioso per i boschetti che verdeggiano, i fiori, che rivestono i prati, i ritiri ombrosi che vi si scoprono, i fiumi ed i ruscelli che lo bagnano.

SCENA SECONDA

Euridice, seguita da Ombre celesti di Eroi e di Eroine

EURIDICE
Questo asilo di placide calme
Ai Mani eletti il ciel sacrò.
Torpida cura il sereno dell'alme
Turbar non può.
Mite raggio d'estatica ebbrezza

Ogni palpito molce e accarezza;
Respira il sen soave voluttà,
E la bieca tristezza
L'atro vol va spiegando di qua.

CORO
Questo asilo di placide alme
Ai Mani eletti il ciel sacrò.
Torpida cura il sereno de l'alme
Turbar non può.
(Euridice dileguatasi tra i boschetti)

SCENA TERZA

Orfeo, indi Coro d'Eroi e d'Eroine; poi Euridice.

ORFEO
Che puro ciel! che chiaro sol! che nuova
Serena luce è questa mai! che dolce,
Lusinghiera armonia formano insieme
Il cantar degli augelli,
Il correr de' ruscelli,
Dell'aure il sussurrar questo è il soggiorno
De' fortunati Eroi. Qui tutto spira
Un tranquillo contento
Ma non per me. Se l'idol mio non trovo,
Sperar nol posso: i suoi soavi accenti,
Gli amorosi suoi sguardi, il suo bel riso,
Sono il mio solo, il mio diletto Eliso.
Ma in qual parte sarà?
(si guarda intorno)
Chiedesi a questo
Che mi viene a incontrar, stuolo felice.

Euridice dov'è
(inoltrandosi verso il Coro)

CORO
Giunge Euridice.
Vieni a' regni del riposo,
Grande eroe, tenero sposo
Raro esempio in ogni età.
Euridice Amor ti rende;
Già risorge, già riprende
La primiera sua beltà.
(segue il ballo degli Eroi)

ORFEO
Oh voi, ombre felici,
Colei che tanto piango
Per voi sia resa a me. Se mai poteste
Sentir qual foco mi consumi e quale
Amoroso desio m'infiammi il core,
Tornata a' baci miei costei saria!
Deh! vano il santo appello, Ombre, non sia!

CORO
Torni tua! pietoso è il ciel!
(a Euridice)
Torna, o bella, al tuo consorte.
Che non vuol che più diviso
Sia da te, pietoso il ciel.
Non lagnarti di tua sorte,
Ché può dirsi un altro Eliso
Uno sposo sì fedel.
(da un coro di Eroine vien condotta Euridice vicino ad
Orfeo, il quale, senza guardarla e con un atto di somma

premura, la prende per mano e la conduce subito via. Seguita poi il ballo degli Eroi ed Eroine, e si ripiglia il canto del Coro supposto continuarsi sino a tanto che Orfeo ed Euridice siano affatto fuori dagli Elisi).

ATTO TERZO

SCENA PRIMA

Oscura spelonca che forma un tortuoso laberinto ingombrato di massi staccati dalle rupi, che sono tutti coperti di sterpi e di piante selvaggie. Orfeo ed Euridice.

(Orfeo conduce per mano Euridice, sempre senza guardarla)

ORFEO (ad Euridice)
Vieni: segui i miei passi,
Unico, amato oggetto
Del fedele amor mio.

EURIDICE
(con sorpresa)
Sei tu! M'inganno?
Sogno? Veglio? Deliro?

ORFEO
(con fretta)
Amata sposa,
Orfeo son io, e vivo ancor. Ti venni
Fin negli Elisi a ricercar. Fra poco
Il nostro cielo, il nostro sole, il mondo
Di bel nuovo vedrai.

EURIDICE
(sospesa)
Che! Vivo? Vivi tu? Ma per qual arte?

ORFEO
Tutto, o cara, saprai, ma non per ora!
Sin che propizi i Numi son, fuggiamo
I tetri lidi! Un'ombra più non sei...
Ci ricongiunge in vita il Dio d'Amor!

EURIDICE
Che ascolto! E sarà ver? Celeste ebbrezza?
Io dunque, in braccio all'idol mio, novella
Vita d'amor vivrei?

ORFEO
Sì, ma tronchiamo
gli indugi ormai!

EURIDICE
(mesta e risentita, e ritirando la mano che stringeva
quella di Orfeo)
Ma la tua mano, ahimè!
La mia non tiene e più non guardi a me,
Che tanto amasti un dì! Dimmi perché
In tanto istante insensibil così?
S'oscurò lo splendor de' sguardi miei.

ORFEO (da sé)
Mi sembra di morir! (forte) Orsù! moviamo!
Bella Euridice, inoltra i passi tuoi.
Oh! potessi calmar i dolci affanni
Ma, nol poss'io! nol vogliono gli Dei!

EURIDICE
Oh! almen... un guardo solo!...

ORFEO
È sventura il mirarti.

EURIDICE
Ah! infido! E queste
Son le accoglienze tue! Tal dai, crudele,
A tanto amor mercè? Barbara sorte!
Perché d'Imen far riviver le faci,
Quando mi nieghi i sospirati baci?

ORFEO
Ahi! mal s'appone il tuo fiero sospetto!...

EURIDICE
E scherno reo la vita a me ridata...
Dei riprendete allor l'inutil dono!
(a Orfeo)
Va! non cercarmi più d'amor perdono!

ORFEO
Vieni: appaga il tuo consorte.

EURIDICE
No: più cara è a me la morte,
che di vivere con te.

ORFEO
Ah crudel!

EURIDICE
Lasciami in pace

ORFEO
No, mia vita: ombra seguace
Verrò sempre intorno a te.

EURIDICE
Ma perché sei sì tiranno?

ORFEO
Ben potrò morir d'affanno,
Ma giammai dirò perché.

AMORE
Grande, o Numi, è il dono vostro,
Lo conosco e grato/grata sono
Ma il dolor, che unite al dono,
È insoffribile per me.
(nel terminare il duello, ambedue, ciascuno dalla sua parte, si appoggiano ad un sasso)

EURIDICE
Qual vita è questa mai,
Che a vivere incomincio! E qual arcano
M'asconde Orfeo?
Tratto m'avria dal recesso ferale
Per farsi reo del perfido abbandono?
Agli occhi miei
Si smentisce la luce. Oppresso in seno
Mi diventa affannoso
Il respirar. Tremo... vacillo... e sento
Fra l'angoscia e il terrore,
Quando all'ebbrezza, rediviva, aspiro
Da un palpito crudel vibrarmi il core.
Che fiero momento!

Che barbara sorte!
Passar dalla morte
A tanto dolor!
Avvezza al contento
D'un placido oblio,
Fra queste tempeste
Si perde il mio cor.
Orfeo (da sé)
Oh strazio novel!
Ispirami, o ciel!
Frenarmi non posso
Mi manca il respir.
Mancare mi sento.
Mi sembra morir,
Cotanto tormento
Non posso soffrir.
(Ecco un nuovo martoro!)

EURIDICE
Amato sposo,
M'abbandoni?...
Mi struggo in pianto, il duolo
M'opprime i sensi, e tu, crudel, non porgi
A me soccorso... Un'altra volta, o stelle!
Dunque morir degg'io,
Senza un amplesso tuo... senza un addio!

ORFEO
Più frenarmi non posso. A poco a poco
La ragion m'abbandona: oblio la legge,
Euridice, a me stesso; e...
(in atto di voltarsi e poi pentito)

EURIDICE
Orfeo... Consorte...
Ah... mi sento... languir!
(si getta a sedere sopra un sasso)

ORFEO
Diletta mia,
(in atto di voltarsi a guardarla e con impeto)
Se sapessi... (Ah, che fo!...) Ma fino a quando
Nel recinto feral sarà ch'io peni?

EURIDICE
O mio ben... ti sovvenga almen di me!
D'Euridice!

ORFEO
Qual pena! oh come il core
Mi si lacera in sen! Più non resisto:
Oh! celeste deliro!... Ah! mio tesoro!
Amata sposa!
(si volta con impeto e la guarda)

EURIDICE
O Dei. che avvenne?
(alzandosi con forza e tornando a cadere)
Io moro...
(muore)

ORFEO
Dove trascorsi, ohimè, dove mi spinse
Un delirio d'amor!...
(le si accosta con fretta)
Sposa!... Euridice!...

(la scuote)
Euridice!... diletta! Ah più non m'ode,
Ella è spenta per me! Misero! ed io,
Io fui che morte a lei recava! Oh legge
Spietata! quel martir al mio somiglia!
n questa ora funesta
Sol di morir con te, lasso! mi resta!
Che farò senza Euridice?
Dove andrò senza il mio ben?
Euridice!... Oh Dio! Rispondi!
Io son pure il tuo fedel!
Euridice... Ah! non m'avanza
Più soccorso, più speranza,
Né dal mondo, né dal ciel!
Che farò senza Euridice?
Dove andrò senza il mio ben?
Ma finisca, e per sempre,
Colla vita il dolor! Del nero Averno
Sono ancor sulla via: lungo cammino
Non è quel che divide
Il mio bene da me.
M'aspetta, ombra adorata! Ah, questa volta
Senza lo sposo tuo non varcherai
L'onde lente di Stige! Io sfido, o Numi,
Sin il vostro poter!
(vuol ferirsi)

SCENA SECONDA

Amore e detto.

AMORE (lo disarma)
Orfeo! che fai!

ORFEO (con impeto e fuori di sé)
E chi sei tu che trattenere ardisci
Le dovute a' miei casi ultime furie?

AMORE
Calma il furor, insano.
E riconosci Amore,
Amor che veglia il tuo destino!

ORFEO
Or di',
Parla, che imponi a me?

AMORE
Mi desti prova di tua nobil fe';
Più non sarai, per mia gloria, infelice:
Euridice ti rendo!
Essa risorga e sia congiunta a te!
(Euridice si alza, come svegliandosi da un profondo sonno)

ORFEO
Ah mia diletta!
(con sorpresa, e corre ad abbracciare Euridice)

EURIDICE
Orfeo!

ORFEO
Pietà celeste!
Ah quale, ah qual riconoscenza!
(ad Amore)

AMORE
Alcuno
Non dubiti di me!
Avventurosi amanti,
Tornate al mondo ancor!
Compensa a mille pene amato amor!
(ad un cenno di Amore si cambia la scena)

SCENA ULTIMA

Magnifico Tempio dedicato ad Amore. Amore, Orfeo ed Euridice, preceduti da numeroso drappello di Eroi ed Eroine che vengono a festeggiare il ritorno d'Euridice; e cominciano un allegro ballo, si interrompe da Orfeo, che intuona il seguente coro:

ORFEO
Trionfi Amore,
E il mondo intero
Serva all impero
Della beltà.
Di sua catena
Talvolta amara
Mai fu più cara
La libertà.

CORO
Trionfi Amore,
E il mondo intero
Serva all'impero
Della beltà.

AMORE
Talor dispera,
Talvolta affanna
D'una tiranna,
La crudeltà.
Ma poi la pena
Oblia l'amante
Nel dolce istante
Della pietà.

CORO
Trionfi Amore,
E il mondo intero
Serva all'impero
Della beltà.

EURIDICE
La gelosia
Strugge e divora;
Ma poi ristora
La fedeltà.
E quel sospetto
Che il cor tormenta,
Alfin diventa
Felicità.

CORO
Trionfi Amore,
E il mondo intero
Serva all'impero
Della beltà.
(le danze ricominciano)

EURIDICE
Divo Amor, son le tue pene
Estasiante voluttà!

ORFEO
Son d'Amore le catene
La più dolce libertà!

AMORE
Fa un solo, un sol de' miei desir
Soavemente il cor languir!
Se il mio foco v'arde il seno
Tutto è raggio in ciel sereno,
Sin il pianto è voluttà!
Orfeo, Euridice, Amore
De lo strazio di due cor
Fa un gioir celestial amato Amor!
(Le danze ricominciano intorno al gruppo degli amanti felici)
(La tenda cala lentamente.)

FINE

ORPHÉE ET EURYDICE

ACTE I

La scène représente un bois de lauriers et de cyprès, un séjour agréable mais solitaire qui est entrecoupé pour former une petite plaine contenant le tombeau d'Eurydice. Au lever du rideau et pendant la ritournelle du chœur d'entrée, on voit une troupe de bergers et de nymphes dans la suite d'Orphée et tous portent des couronnes de fleurs et de myrtes; quelques-uns versent de l'encens dans le feu sacré, enguirlandent le marbre et couvrent son tombeau de fleurs, pendant que les autres chantent le chœur suivant qui est interrompu par les plaintes d'Orphée adossé sur le devant contre une pierre et répétant le nom d'Eurydice d'une voix gémissante.

CHŒUR
Ah! dans ce bois tranquille et sombre,
Eurydice, si ton ombre
Nous entend, ...

ORPHÉE
Eurydice!

CHŒUR
... Sois sensible à nos alarmes,
Vois nos peines, vois nos larmes
Que pour toi l'on répand.

ORPHÉE
Eurydice!

CHŒUR
Ah! prends pitié du malheureux Orphée,
Il soupire, il gémit,
Il plaint sa destinée.

ORPHÉE
Eurydice!

CHŒUR
L'amoureuse tourterelle,
Toujours tendre, toujours fidèle,
Ainsi soupire et meurt
De douleur.

ORPHÉE
Vos plaintes, vos regrets augmentent mon supplice!
Aux mânes sacrés d'Eurydice
Rendez les suprêmes honneurs,
Et couvrez son tombeau de fleurs.

CHŒUR
Ah! dans ce bois lugubre et sombre,
Eurydice, si ton ombre
Nous entend,
Sois sensible à nos alarmes,
Vois nos peines, vois les larmes
Que pour toi l'on répand.

ORPHÉE
Éloignez-vous; ce lieu convient à ma douleur,
Et je veux sans témoins y répandre des pleurs.

(Les bergers et les nymphes se dispersent dans le bois.)

ORPHÉE
Objet de mon amour,
Je te demande au jour
Avant l'aurore;
Et quand le jour s'en fuit,
Ma voix pendant la nuit
T'appelle encore.

Eurydice, Eurydice, ombre chère, ah! dans quels lieux es-tu?
Ton époux gémissant, interdit, éperdu,
Te demande sans cesse, à la nature entière
Les vents, hélas! emportent sa prière.

Accablé de regrets,
Je parcours des forêts
La vaste enceinte.
Touché de mon destin,
Écho répète en vain
Ma triste plainte.

Eurydice, Eurydice! De ce doux nom
Tout retentit, ces bois, ces rochers, ce vallon.
Sur les troncs dépouillés, sur l'écorce naissante,
On lit ce mot gravé par une main tremblante.
Eurydice n'est plus, et je respire encore!
Dieux, rendez-lui la vie, ou donnez-moi la mort!

Plein de trouble et d'effroi,
Que de maux loin de toi,
Mon cœur endure;
Témoin de mes malheurs,
Sensible à mes douleurs,

L'onde murmure.

Divinités de l'Achéron,
Ministres redoutés de l'empire des ombres,
Vous qui dans les demeures sombres
Faites exécuter les arrêts de Pluton,
Vous que n'attendrit point la beauté, la jeunesse,
Vous m'avez enlevé l'objet de ma tendresse,
Oh, cruel souvenir!
Eh quoi! les grâces de son âge
Du sort le plus affreux n'ont pu la garantir?
Implacables tyrans, je veux vous la ravir!
Je saurai pénétrer jusqu'au sombre rivage,
Mes accents douloureux fléchiront vos rigueurs;
Je me sens assez de courage
Pour braver toutes vos fureurs!

L'AMOUR
L'amour vient au secours de l'amant le plus tendre.
Rassure-toi, les dieux sont touchés de ton sort.
Dans les enfers tu peux te rendre;
Va trouver Eurydice au séjour de la mort.

Si les doux accents de ta lyre,
Si tes accents mélodieux
Apaisent la fureur des tyrans de ces lieux,
Tu la ramèneras du ténébreux empire.

ORPHÉE
Dieux! je la reverrais!

L'AMOUR
Si les doux accents de ta lyre, *etc*

ORPHÉE
Dieux! je la reverrais!

L'AMOUR
Oui; mais pour l'obtenir
Il faut te résoudre à remplir
L'ordre que je vais te prescrire.

ORPHÉE
Ah! qui pourrait me retenir?
À tout mon âme est préparée.

L'AMOUR
Apprends la volonté des dieux:
Sur cette amante adorée
Garde-toi de porter un regard curieux,
Ou de toi pour jamais tu la vois séparée.
Tels sont de Jupiter les suprêmes décrets.
Rends-toi digne de ses bienfaits!

Soumis au silence,
Contrains ton désir,
Fais-toi violence,
Bientôt à ce prix tes tourments vont finir.
Tu sais qu'un amant
Discret et fidèle,
Muet et tremblant
Auprès de sa belle,
En est plus touchant.
Soumis au silence, *etc*
(L'Amour s'éloigne.)

ORPHÉE
Qu'entends-je? qu'a-t-il dit?
Eurydice vivra! mon Eurydice!
Un dieu clément, un dieu propice
Me la rendra!
Mais quoi! je ne pourrai,
Revanant à la vie,
La presser sur mon sein?
O mon amie, quelle faveur,
Et quel ordre inhumain!
Je prévois ses soupçons,
Je prévois ma terreur,
Et la seule pensée
D'une épreuve insensée
D'effroi glace mon cœur.
Oui, je le pourrai!
Je le veux, je le jure!
Amour, amour, j'espère en toi
Dans les maux que j'endure.
Douter de ton bienfait
Serait te faire injure.
C'en est fait, dieux puissants,
J'accepte votre loi.

Amour, viens rendre à mon âme
Ta plus ardente flamme;
Pour celle qui m'enflamme,
Je vais braver le trépas.
L'enfer en vain nous sépare,
Les monstres du tartare
Ne m'épouvantent pas.
Je sens croître ma flamme,
Je vais braver le trépas.

L'amour vient rendre à mon âme
Sa plus ardente flamme;
L'amour accroît ma flamme;
Je vais braver le trépas.
L'enfer en vain nous sépare, *etc*

ACTE II
PREMIER TABLEAU

Une contée épouvantable, hérisée de rochers, au delà du Styx; au loin s'élève une fumée épaisse, sombre, les flammes y jaillissent de temps en temps. Les spectres et les esprits commencent une danse qu'Orphée inerrompt par l'harmonie de sa lyre; à la vue d'Orphée toute la troupe entonne le premier chœur qui suit.

CHŒUR
Quel est l'adacieux
Qui dans ces sombres lieux
Ose porter ses pas,
Et devant le trépas
Ne frémit pas?
(Les esprits dansent autour d'Orphée pour l'effrayer.)
Quel est l'adacieux, *etc*
Que la peur la terreur
S'emparent de son cœur
À l'affreux hurelement
Du Cerbère écumant
Et rugissant!

ORPHÉE
Laissez-vous toucher par mes pleurs,
Spectres, . . .

CHŒUR
Non!

ORPHÉE
... larves, ...

CHŒUR
Non!

ORPHÉE
... ombres terribles!

CHŒUR
Non!

ORPHÉE
Soyez, soyez sensibles
À l'excès de mes malheurs!

CHŒUR
Non! Non! Non!

ORPHÉE
Laissez-vous toucher par mes pleurs, *etc*

(Le chœur apaisé répond à Orphée avec un peu plus de pitié dans l'expression.)

CHŒUR
Qui t'amène en ces lieux,
Mortel présomptueux?
C'est le séjour affreux

Des remords dévorants
Et des gémissements
Et des tourments.

ORPHÉE
Ah! la flamme qui me dévore,
Est cent fois plus cruelle encore;
L'enfer n'a point de tourments
Pareils à ceux que je ressens.

CHŒUR *(encore plus apaisé)*
Par quels puissants accords,
Dans le séjour des morts,
Malgré nos vains efforts
Il calme la fureur de nos transports?

ORPHÉE
La tendresse
Qui me presse,
Calmera votre fureur,
Oui, mes larmes,
Mes alarmes
Fléchiront votre rigueur.

CHŒUR *(encore plus doux)*
Quels chants doux et touchants
Quels accords ravissants!
De si tendres accents
Ont su nous désarmer
Et nous charmer.

Qu'il descende aux enfers!
Les chemins sont ouverts.

Tout cède à la douceur
De son art enchanteur,
Il est vainqueur.

DANSE DES FURIES

(Après le commencement de cette danse, Orphée entre dans les enfers; vers la fin de la danse les spectres et les esprits disparaissent peu à peu.)

DEUXIÈME TABLEAU

Une contrée enchanteresse des champs Elysées pleine de superbe buissons, de fleurs, de ruisseaux, etc.

EURYDICE
Cet asile
Aimable et tranquille
Par le bonheur est habité,
C'est le riant séjour de la felicité.
Nul objet ici n'enflamme
L'âme,
Une douce ivresse
Laisse
Un calme heureux dans tous les sens;
Et la sombre tristesse
Cesse
Dans ces lieux innocents.

EURYDICE ET CHŒUR
Cet asile aimable et tranquille, *etc*

(Pendant le postlude du chœur disparaissent Eurydice et

les esprits bienheureux. Orphée est perdu dans l'admiration.)

ORPHÉE
Quel nouveau ciel pare ces lieux!
Un jour plus doux s'offre à mes yeux.
Quels sons harmonieux!
J'entends retentir ce bocage
Du ramage
Des oiseaux,
Du murmure des ruisseaux
Et des soupirs de zéphire.
On goûte en ce séjour un eternel repos.
Mais le calme qu'on y respire
Ne saurait adoucir mes maux.
O toi, doux objet de ma flamme,
Toi seule y peux calmer le trouble de mon âme!
Tes accents
Tendres et touchants,
Tes regards séduisants,
Ton doux sourire
Sont les seuls biens que je désire.

(Attirés par le chant d'Orphée, les esprits bienheureux se sont rapprochés. Orphée regarde autour de lui, le chœur s'en approche.)

CHŒUR
Viens dans ce séjour paisible,
Époux tendre, amant sensible,
Viens bannir tes justes regrets.
Eurydice va paraître,
Eurydice va renaître

Avec de nouveaux attraits.

ORPHÉE
O vous, ombres que j'implore,
Hâtez-vous de la rendre à mes embrassements.
Ah! si vous ressentiez le feu qui me dévore,
Si vous étiez aussi de fidèles amants,
J'aurais déjà revu la beauté que j'adore!
Hâtez-vous de me rendre heureux!

CHŒUR
Le destin répond à tes vœux.

(Eurydice est introduite par une partie du chœur.)

Près du tendre object qu'on aime
On jouit du bien suprême,
Goûtez le sort plus doux.
Va renaître pour Orphée,
On retrouve l'Elysée
Auprès d'un si tendre époux.

(Eurydice est ramenée à Orphée par le chœur; sans la regarder, il saisit sa main et l'emmène. Le rideau se baisse lentement.)

ACTE III
PREMIER TABLEAU

Une caverne sombre avec un labyrinthe plein de couloirs obscurs et entournée de rochers mousseaux, tombants.

(Orphée mène encore Eurydice par la main sans le

regarder.)

ORPHÉE
Viens, viens, Eurydice, suis-moi,
Unique et doux objet de l'amour plus tendre.

EURYDICE
C'est toi? je te vois?
Ciel! devais-je m'attendre?

ORPHÉE
Oui, tu vois ton époux. J'ai voulu vivre encor,
Et je viens t'arracher au séjour de la mort!
Touché de mon ardeur fidèle,
Jupiter au jour te rappelle.

EURYDICE
Quoi! je vis, et pour toi?
Ah, grands dieux, quel bonheur!

ORPHÉE
Eurydice, suis-moi,
Profitons sans retard de la faveur céleste;
Sortons, fuyons ce lieu funeste.
Non, tu n'es plus une ombre,
Et le dieu des amours
Va nous réunir pour toujours.

EURYDICE
Qu'entends-je? ah! se peut-il?
Heureuse destinée!
Eh quoi, nous pourrons resserrer
Les nœds d'amour et d'hyménée?

ORPHÉE
Oui, suis mes pas sans différer.

EURYDICE
Mais, par ta main ma main n'est plus pressée!
Quoi! tu fuis ces regards que tu chérissais tant!
Ton cœur pour Eurydice est-il indifférent?
La fraîcheur de mes traits serait-elle effacée?

ORPHÉE *(à part)*
Oh dieux! quelle contrainte!
(haut)
Eurydice, suis-moi,
Fuyons de ces lieux, le temps presse;
Je voudrais t'exprimer l'excès de ma tendresse;
(à part)
Mais je ne puis, oh! trop funeste loi!

EURYDICE
Un seul de tes regards ...

ORPHÉE
Tu me glaces d'effroi!

EURYDICE
Ah! barbare!
Sont-ce là les douceurs que ton cœur me prépare?
Est-ce donc là le prix de mon amour?
Oh fortune jalouse!
Orphée, hélas! se refuse en ce jour
Aux transports innocents de sa fidèle épouse.

ORPHÉE *(sent qu'elle est près de lui, il saisait sa main voulant l'emmener)*
Par tes soupçons, cesse de m'outrager.

EURYDICE *(indignée retire sa main)*
Tu me rends à la vie, et c'est pour m'affliger!
Dieux, reprenez un bienfait que j'abhore!
Ah! cruel époux, laisse-moi!

ORPHÉE
Viens! Suis un époux qui t'adore.

EURYDICE
Non, ingrat, je préfère encore
La mort qui m'éloigne de toi.

ORPHÉE
Vois ma peine!

EURYDICE
Laisse Eurydice!

ORPHÉE
Ah! cruelle! Quelle injusice!
Ah viens! je t'implore, suis mes pas!

EURYDICE
Parle, réponds, je t'en supplie!

ORPHÉE
Dût-il m'en coûter la vie,
Non, je ne parlerai pas.

ENSEMBLE
Dieux, soyez-moi favourables!
Voyez mes pleurs,
Dieux secourables!
Quels tourments insupportables!
Quelles rigueurs
Mêlez-vous à vos faveurs!

(Chacun d'eux se dirige vers un autre côté de la scène où ils restent adossés à un arbre ou à un rocher.)

EURYDICE
Mais d'où vient qu'il persiste à garder le silence?
Quels secrets veut-il me cacher?
Au séjour du repos devait-il m'arracher
Pour m'accabler de son indifférence?
Oh destin rigoureux!
Ma force m'abandonne,
Le voile de la mort retombe sur mes yeux!
Je frémis, je languis,
Je frissonne, je tremble, je pâlis,
Mon cœur palpite,
Un trouble secret m'agite,
Tous mes sens sont saisis d'horreur
Et je succombe à ma douleur.

Fortune ennemie,
Quelle barbarie!
Ne me rends-tu la vie
Que pour les tourments?

Je goûtais les charmes
D'un repos sans alarmes,

ORPHÉE
Ses injustes soupçons
Redoublent mes tourments!
Que dire? que faire?
Elle me désespère,

EURYDICE
Le trouble, les larmes
Remplissent aujourd'hui
Mes malheureux moments.

ORPHÉE
Ne pourrai-je calmer
Le trouble de mes sens?
Que mon sort est à plaindre!
Je ne puis me contraindre!

EURYDICE
Je frissonne, je tremble.

Fortune ennemie, *etc*

ORPHÉE *(à part)*
Quelle épreuve cruelle!

EURYDICE
Tu m'abandonnes, cher Orphée!
En ce moment ton épouse désolée
Implore en vain tes secours;
O dieux! à vous seuls j'ai recours.
Dois-je finir mes jours
Sans un regard de ce que j'aime?

ORPHÉE *(à part)*
Je sens mon courage exprir,
Et ma raison se perd
Dans mon amour extrême;
J'oublie et la défense, Eurydice et moi même.
(Il fait un mouvement pour se retourner et tout à fait se retient.)
Ciel!

EURYDICE
Cher époux, je puis à peine respirer.
(Elle tombe sur un rocher.)

ORPHÉE *(fort)*
Rassure-toi, je vais tout dire . . .
Apprends . . .
(à part)
Que fais-je! . . . Justes dieux,
Quand finirez-vous mon martyre?

EURYDICE
Reçois donc mes derniers adieux,
Et souviens-toi d'Eurydice . . .

ORPHÉE *(à part)*
Où suis-je? Je ne puis résister à ses pleurs.
(fort)
Non, le ciel ne veut pas un plus grand sacrifice.
(Il se retourne avec impétousité et regarde Eurydice.)
Oh ma chère Eurydice . . .

EURYDICE
(Fait un effort de se lever, et meurt.)

Orphée! o ciel! je meurs...

ORPHÉE
Malheureux, qu'ai-je fait?
Et dans quel précipice
M'a plongé mon funeste amour?
Chère épouse! Eurydice!
Eurydice! Chère épouse!
Elle ne m'entend plus, je la perds à jamais!
C'est moi qui lui ravis le jour!
Loi fatale!
Cruel remords!
Ma peine est sans égale.
Dans ce moment funeste
Le désespoir, la mort
Est tout ce qui me reste.

J'ai perdu mon Eurydice,
Rien n'égale mon malheur;
Sort cruel! quelle rigueur!
Rien n'égale mon malheur!
Je succombe à ma douleur!
Eurydice, Eurydice,
Réponds, quel supplice!
Réponds-moi!
C'est ton époux fidèle;
Entends ma voix qui t'appelle.

J'ai perdu mon Eurydice, *etc*

Eurydice, Eurydice!
Mortel silence! Vaine espérance!
Quelle souffrance!

Quel tourment déchire mon cœur!

J'ai perdu mon Eurydice, *etc*

Ah! puisse ma douleur finir avec ma vie!
Je ne survivrai pas à ce dernier revers.
Je touche encor aux portes des enfers,
J'aurai bientôt rejoint mon épouse chérie.
Oui, je te suis, tendre objet de ma foi,
Je te suis, attends-moi!
Tu ne me seras plus ravie,
Et la mort pour jamais va m'unir avec toi.

(Lorsqu'il est sur le point de se tuer, l'Amour apparaît.)

L'AMOUR *(lui arrache le poignard)*
Arrête, Orphée!

ORPHÉE
O ciel! Qui pourrait en ce jour
Retenir le transport de mon âme égarée?

L'AMOUR
Calme ta fureur insensée;
Arrête, et reconnais l'Amour
Qui veille sur ta destinée.

ORPHÉE
Qu'exigez-vous de moi?

L'AMOUR
Tu viens de me prouver ta constance et ta foi;
Je vais faire cesser ton martyre.

(Il touche Eurydice et la ranime.)
Eurydice! respire!
Du plus fidèle époux viens couronner les feux.

ORPHÉE
Mon Eurydice!

EURYDICE
Orphée!

ORPHÉE
Ah! justes dieux!
Quelle est notre reconnaissance!

L'AMOUR
Ne doutez plus de ma puissance!
Je viens vous retirer de cet affreux séjour,
Jouissez désormais des plaisirs de l'amour!

EURYDICE
Tendre amour, que tes chaînes
Ont de charmes pour nos cœurs!

ORPHÉE
Tendre amour, à tes peines
Que tu mêles de douceurs!

L'AMOUR
Je dédommage tous les cœurs
Par un instant de mes faveurs.

EURYDICE
Tendre amour, que tes chaînes, *etc*

ORPHÉE
Tendre amour, à tes peines, *etc*

L'AMOUR
Que l'ardeur qui vous enflamme,
Toujours règne dans votre âme,
Ne craignez plus mes rigueurs;
Je dédommage tous les cœurs!

ORPHÉE ET EURYDICE
Quels transports et quel délire,
O tendre amour, ta faveur nous inspire,
Célébrons pour jamais.
Célébrons tes bienfaits.

L'AMOUR
Célébrez pour jamais mes bienfaits.

DEUXIÈME TABLEAU

Un magnifique temple consacré à l'amour - L'Amour, Orphée et Eurydice. Devant eux marche une nombreuse troupe de bergers et de bergères fêtant le retour d'Eurydice par leur chant et leurs joyeuses danses.

ORPHÉE
L'amour triomphe
Et tout ce qui respire
Sert l'empire de la beauté;
Sa chaîne agréable
Est préférable à la liberté.

CHŒUR
L'amour triomphe, *etc*

L'AMOUR
Dans les peines, dans les alarmes
Je fais souvent languir les cœurs;
Mais dans un instant mes charmes
Font pour jamais oublier mes riguers.

CHŒUR
L'amour triomphe, *etc*

EURYDICE
Si la cruelle jalousie
A troublé mes tendres désirs,
Les douceurs dont elle est suivie,
Sont des chaînes de plaisirs.

CHŒUR
L'amour triomphe, *etc*

FIN DE L'OPÉRA

Also available from JiaHu Books

Die Zauberflöte (German) -9781784350130

Queen of Spades (Russian) – 9781909669918

Boris Godunov (Russian) -9781909669376

Evgeniy Onegin (Russian) – 9781909669741

Die Verwandlung – German/English Parallel Text -9781909669697